Sabine Hirler

ELTERN FÖRDERN IHRE KINDER

Das klingt toll!

Erste Erfahrungen mit Musik

Klett
velber

Für Eltern

Für Kinder

Eine kleine Einführung mit Experimenten

Für Kinder

Musik-Spiele

Musik ist Leben!

Musik ist überall!

Musik ist etwas Wunderbares – und sie ist überall! Sie begleitet uns durch unser ganzes Leben. Zu allen wichtigen Ereignissen hören oder machen wir Musik: auf Hochzeiten, an Feiertagen und bei Geburtstagen. Aber auch aus unserem Alltag ist Musik nicht wegzudenken. Oft nehmen wir das gar nicht mehr wahr: Melodien aus dem Radio wecken uns am frühen Morgen, wir singen unter der Dusche, im Auto auf dem Weg zur Arbeit, wir hören Musik beim Einkaufen im Supermarkt und beim Sport ...
Musik kann uns fröhlich machen oder traurig, sie kann uns trösten oder uns zu Höchstleistungen antreiben. Wir können uns zur Musik entspannen oder wir können unsere Wut heraustanzen. Im Kino rührt uns die Musik zu Tränen, sie baut Spannung auf und versetzt uns in eine romantische Stimmung. An unserem Geburtstag freuen wir uns über ein Ständchen, auch wenn es noch so schräg klingt. An Weihnachten fühlen wir uns in unsere Kindheit zurückversetzt, weil wir noch immer die gleichen Lieder singen und spielen wie damals.

DER MUSIKALISCHE BEGINN

Unsere Bekanntschaft mit und unsere Freude an der Musik beginnt schon früh. Schon im Mutterleib reagieren Kinder auf Musik, auf die Stimme und auf den Gesang ihrer Mutter.

Das Gehör ist einer der ersten Sinne, der im Mutterleib ausgebildet wird. Außerdem hört das Ungeborene viele Monate lang den Ur-Rhythmus des Lebens – den Herzschlag der Mutter.
Kaum auf der Welt, entdeckt ein Baby die Welt der Musik, der Klänge, Geräusche und Töne schon mit ganz einfachen Mitteln: Schlaflieder entspannen es und vermitteln Geborgenheit, die Spieluhr über dem Bett und das kleine Glöckchen am Teddybär ziehen seine ganze Aufmerksamkeit auf sich. Auch einfache Lieder, zu denen Eltern die Beine und Arme ihres Kindes sanft bewegen, Verse und Fingerspiele wecken große Begeisterung schon bei den Kleinsten. Mit etwa zwei Jahren entdeckt ein Kind dann seine ersten Instrumente: Die Töpfe und Kochlöffel aus dem Küchenschrank werden zu Trommeln, die Bonbondose wird zur Rassel …

MUSIK UND SPRACHE

Im Laufe der Zeit lernt ein Kind, Klänge, Laute und Geräusche zuzuordnen, und nimmt diese als Basis für das eigene Sprechen und Wissen auf. Wie ein Schwamm saugt sein Gehör dabei alles auf, was es für das Erlernen der Muttersprache benötigt. Lieder und rhythmisch gesprochene Reime faszinieren dabei besonders. Durch Sprachmelodie und Gestik erschließt sich einem Kleinkind die Bedeutung der Worte. Es lernt spielerisch und unbewusst die Grundlagen des Sprechens und Singens. Die Parallelen zwischen Sprache und Musik sind grundlegend. Beide bilden sehr ähnliche Strukturen in den Bereichen Rhythmus, Melodie, Tempo, Lautstärke und Artikulation.

Jedes Kind ist musikalisch

Jedes Kind besitzt von klein auf die Fähigkeit, sich musikalisch zu äußern, denn: „Es musiziert in jedem Kind, ob es das weiß, will oder nicht.“ (Hans Günther Bastian).

Kinder lieben es, beim Spazierengehen ihren Holzstock an sämtlichen Gartenzäunen entlanglaufen zu lassen. Er rattert und schnarrt. Beim Spielen mit Klötzchen ist das Klackern des zusammenfallenden Turms genauso interessant wie vorher das Aufbauen. Wenn irgendwo ein Klavier steht, greifen sie fröhlich in die Tasten und sobald Musik aus dem Radio erklingt, drehen sie sich, hüpfen und tanzen.

Die Welt entdecken – über Töne, Klänge und Geräusche!

Kinder sind offen gegenüber allem, was klingt. Sie reagieren spontan, wenn sie eine Melodie hören. Sie entdecken die Welt auch über die Töne, Klänge und Geräusche, die alle Lebewesen und alle Gegenstände hervorbringen. Wie klingen Stein, Holz, Glas, Metall oder Papier? Was passiert, wenn man an Holz klopft, wenn man Steine gegeneinander schlägt oder sie fallen lässt?

KEINE ANGST VOR FALSCHEN TÖNEN!

Natürlich zeichnen sich die ersten musikalischen Versuche von Kleinkindern nicht immer durch Schönheit, sondern oft hauptsächlich durch Lautstärke aus. Beim Singen treffen sie nicht immer die richtigen Töne, aber darum geht es auch gar nicht. Es geht vielmehr darum, diese

ersten Versuche zu begleiten und die Experimentierfreude nicht zu bremsen. Je mehr Sie Ihr Kind unterstützen und auch selbst mitmachen, umso eher wird Ihr Kind einen Zugang zur Musik finden. Denn Musikalität bedeutet zunächst einmal nichts anderes als offen zu sein für alles, was klingt, die Fähigkeit zu haben, sich von Musik berühren zu lassen. Schränken Sie diese Fähigkeit nicht ein, indem Sie Ihr Kind zu kritisch bewerten und die Messlatte zu hoch ansetzen. Denn dass ein Kind nicht mehr singen will, wenn es gesagt bekommt: „Hör auf zu singen, mir tun die Ohren weh!“, ist nur natürlich. Vielleicht kennen Sie das ja: Sie hören eine Melodie und möchten sie nachsingen. Aus Ihrem Mund kommen aber völlig falsche Töne. Wenn Ihnen jetzt jemand sagen würde: „Hör auf, das ist ja schrecklich!“, würden Sie wohl verstummen. Schließlich möchten Sie sich nicht blamieren. Kinder reagieren da nicht anders. Deshalb gilt: Egal, wie „falsch“ Ihr Kind singt, loben Sie es und ermutigen Sie es zum Weitersingen. Und singen Sie mit – so gut Sie können, auch wenn Sie den Ton manchmal nicht genau treffen!

MUSIK BRAUCHT ZEIT

Wie in allen Bildungs- und Erziehungsbereichen bringt ein Kind auch, was die Musik betrifft, von Geburt an Grundlagen mit, die durch Entwicklung reifen – genauso wie das beim Gehen, Sprechen, Malen … der Fall ist. Gestehen Sie Ihrem Kind deshalb auch sein eigenes musikalisches Entwicklungstempo zu und lassen Sie es seine Erfahrungen selbst machen. Denn sicher haben auch Sie schon einmal festgestellt, dass Sie beim Selbst-Tun mehr lernen, als wenn Ihnen jemand etwas darüber erzählt. Bieten Sie Ihrem Kind Reime und Spiellieder an, die es gemeinsam mit Ihnen umsetzen kann. Versuchen Sie aber in keinem Fall, Ihrem Kind etwas überzustülpen, damit es Ihren Vorstellungen entspricht. Es geht nicht darum, einen festgelegten Musik-Lehrplan abzuarbeiten, sondern darum, Musik und Bewegung spielerisch zu erleben – und Spaß daran zu haben!

WIEDERHOLEN SIE!

Es mag ja sein, dass die hundertste Wiederholung von „Alle meine Entchen“ oder der unermüdlich tanzende „Bi-Ba-Butzemann“ an Ihren Nerven zerren. Es ist aber so, dass Kinder bis weit in das Schulalter hinein über die Nachahmung lernen. Deshalb ist Wiederholung für ihre Entwicklung sehr wichtig. Denn nur im vertrauten Rahmen des schon Gehörten und Gesehenen entwickeln Kinder ihre Fähigkeiten

LIEDER, REIME UND BEWEGUNG

Lieder und Reime, kombiniert mit Bewegung, fördern

- die Sinne Sehen, Hören, Spüren und Tasten,
- die Sprache,
- das Gedächtnis,
- die Konzentration,
- die Feinmotorik,
- Überkreuzbewegungen und dadurch die Koordination der Körperhälften,
- die Kommunikation zwischen den beiden Gehirnhälften,
- Kreativität und Fantasie beim Erfinden neuer Varianten,
- das Sozialverhalten.

ungestört weiter und können sich über ihre kleinen und großen Fortschritte freuen. Dabei gefällt ihnen besonders, wenn ihnen im übertragenen Sinne sprachliche „Anker" zugeworfen werden. Der Satzbau von Kinderreimen und -liedern beispielsweise zeichnet sich dadurch aus, dass er meistens die gleiche Silbenendung hat. Dadurch können sich die Kinder Reime und Lieder sehr gut merken, der Sprach- oder Liedrhythmus gibt Halt und Struktur. Rhythmische Klatschspiele und -lieder beugen sogar einer Legasthenie vor.

Kinder brauchen Musik!

Musik fasziniert Kinder. Sie hören mit großen Augen aufmerksam zu, sie summen, singen mit, drehen sich im Kreis oder schlagen den Takt auf einem mehr oder minder improvisierten Instrument. All das fördert ihre Musikalität sowie viele weitere Kompetenzen:

- *Persönlichkeit und Selbstvertrauen:* Den richtigen Ton zu treffen, Lieder auswendig zu können, erste Erfolge beim Musizieren mit Instrumenten zu haben, stärkt die Persönlichkeit und das Selbstvertrauen. Das gemeinsame Singen und Musizieren vermittelt Kindern ein Gemeinschaftsgefühl und sie trauen sich etwas zu, wenn sie mit oder vor anderen singen und spielen.
- *Hörvermögen:* Das Hören von Klängen und Geräuschen, das Wahrnehmen von Lautstärke und Schnelligkeit steigert und sensibilisiert das Hörvermögen – diese Fähigkeit muss bis zum Schuleintritt gut ausgebildet sein, weil Kinder dem Unterricht sonst nicht folgen können.
- *Intelligenz:* Das Experimentieren mit Klängen, Geräuschen und musikalischen Spielformen

fördert die Kreativität und Intelligenz. Das hat sich in zahlreichen Untersuchungen herausgestellt. So verglich etwa Professor Dr. Hans Günther Bastian in einer sechsjährigen Langzeitstudie an sieben Berliner Grundschulen „musikbetonte“ mit „normalen“ Klassen. Dabei stellte er fest, dass die Kinder der Musikklassen ihren Intelligenzquotienten deutlich erhöhen konnten.

- *Konzentration und Gedächtnis:* Abwechslungsreiche Angebote mit Musik und Bewegung regen auch schon jüngere Kinder dazu an, sich auf spielerische Weise zu konzentrieren.

MUSIK MACHT SCHLAU!

Wir besitzen zwei Gehirnhälften, die durch einen Nervenstrang, den so genannten Balken, miteinander verbunden sind. Die linke Gehirnhälfte ist, vereinfacht gesagt, zuständig für die Logik, die rechte für Gefühl, Sprache und Kreativität. Forschungsergebnisse bestätigen, dass die Gehirnhälften musizierender Menschen besser zusammenarbeiten als bei Nichtmusikern und dass bei ihnen viele Bereiche im Gehirn gleichzeitig aktiviert werden.

- *Soziale und emotionale Intelligenz und Kompetenz:* Das gemeinsame Singen mit den Eltern, Dirigierspiele, bei denen einer führt und der andere folgt, und das Musizieren in Gruppen fördern eine große Bandbreite emotionaler und sozialer Fähigkeiten. Kinder werden einfühlsamer, toleranter, erlebnisfähiger, kommunikativer und dadurch auch ausgeglichener.

Die Musik entdecken

Ob Kreativität, Intelligenz, Sozialverhalten, Persönlichkeitsentwicklung oder einfach die Freude an der Musik – die Ergebnisse vieler Studien haben gezeigt, dass aktives Musizieren viel bewirkt. Doch leider finden sich diese Ergebnisse (noch) nicht im Musiklehrplan der meisten Schulen. Der Musikunterricht führt häufig ein Schattendasein. Eltern, die ihr Kind von klein auf musikalisch fördern wollen, haben dennoch viele Möglichkeiten.

Schaffen Sie ein musikalisches Umfeld für Ihr Kind. Das heißt nicht, dass Sie den ganzen Tag das Radio oder den CD-Player laufen lassen, sondern dass Sie Ihre Ohren spitzen und Hör-Erlebnisse mit Ihrem Kind teilen: das Rascheln der Blätter im Wind, das Zwitschern der Vögel, die zahlreichen Alltagsgeräusche ... Sprechen und singen Sie möglichst viel mit Ihrem Kind: zu Hause, auf dem Weg zum Kindergarten oder zur Schule, beim Spaziergang, im Auto. Durch Musik, sei es in Form von Geräuschen, Klängen oder Liedern, kann Ihr Kind auf der Ebene des Hörens die Welt entdecken – aber nur, wenn es die Möglichkeit zum Ausprobieren bekommt.

Kinder sind neugierig: Sie wollen ausprobieren und experimentieren.

MUSIKALISCHE FRÜHERZIEHUNG

Die musikalische Früherziehung beginnt in der Regel ab vier Jahren. Wenn Sie dieses Angebot nutzen wollen, versuchen Sie, gemeinsam mit

Ihrem Kind an Schnupperstunden oder einem Probeunterricht teilzunehmen: Fühlt sich Ihr Kind in dieser Gruppe wohl? Welchen Eindruck macht der Lehrer auf Sie? Geht er mit Fantasie und Einfühlungsvermögen auf die Kinder ein? Kinder werden mit „Kopf, Herz und Hand“ an Musik herangeführt, wenn sie diese auf spielerische Weise durch Musik und durch Bewegung erfahren: wenn ein Lied in eine Geschichte eingebettet wird, wenn dazu getanzt, gemalt und getrommelt wird. Denn auch in der Musik geht das Lernen zuerst über das Wahrnehmen und Bewegen, zum Beispiel: den Wechsel von schnell und langsam, laut und leise zu erkennen und in der Bewegung umzusetzen. Diese Erfahrungen legen die Grundlage für das Erlernen eines Instruments.

Der Weg zum Lernen führt über die Wahrnehmung und die Bewegung.

INSTRUMENTALUNTERRICHT

Möchte Ihr Kind ein Instrument erlernen, sollten Sie auch hier das Angebot von Schnupperstunden nutzen. Schauen Sie mit Ihrem Kind beim Musikunterricht mit etwa Gleichaltrigen zu. Beobachten Sie, ob sich der Lehrer auf eine altersentsprechende Lernebene einlässt, ob er einfühlsam ist und versucht, die Lerninhalte mit bildhafter Ansprache zu vermitteln. Achten Sie auch darauf, ob Ihr Kind gemeinsam mit anderen Kindern zu verschiedenen Anlässen spielen kann. Das stärkt das Selbstbewusstsein, die soziale Kompetenz und die Hörwahrnehmung im mehrstimmigen Zusammenspiel.

Was ist Musik?

Musik besteht, wie ein Kuchen, aus verschiedenen Zutaten. Die Zutaten sind:

- *der Rhythmus: Hast du schon einmal deinen Herzschlag gespürt? Er hat einen ganz bestimmten Rhythmus. In der Musik bezeichnet man damit den Wechsel von schnellen und langsamen Tönen.*
- *die Melodie: Wenn du ein Lied singst, singst du viele verschiedene Töne nacheinander. Das ist die Melodie.*
- *die Harmonie: Du hast doch bestimmt schon einmal auf einem Klavier gespielt. Wenn du mehrere Tasten auf einmal nach unten drückst, erklingen gleichzeitig verschiedene Töne. Das nennt man eine Harmonie.*
- *die Lautstärke: Du kannst zum Beispiel laut und leise singen.*
- *das Tempo: Du kannst schnell und langsam singen.*

Hören, singen und musizieren

Bei jedem Musikstück sind die Zutaten anders. Manchmal hörst du zum Beispiel viele Trommeln. Du hörst dann den Rhythmus, den die Trommeln spielen, vielleicht „bombom – bom – bombom – bom“. Eine Melodie hörst du nicht. Bei einem anderen Musikstück hörst du eine

Melodie, die immer schneller und schneller wird und von vielen Instrumenten begleitet wird.
Musik kann sich ganz unterschiedlich anhören.
Musik kannst du allein machen, wenn du zum Beispiel ein Lied singst. Aber auch zusammen mit anderen macht das Musikmachen viel Spaß.
Man kann gemeinsam singen oder mit verschiedenen Instrumenten musizieren. Vielleicht hast du das ja schon einmal gemacht, zum Beispiel an Weihnachten: Jemand spielt auf dem Klavier, ein anderer auf der Flöte ... Auch bei einem Orchester spielen immer viele Instrumente zusammen: Trommeln, Geigen, Flöten und Trompeten ...

EXPERIMENT: SCHALLWELLEN

Töne sind Schallwellen, die wir hören, aber nicht sehen können (siehe auch „Geräusche und Töne“, Seite 16). Damit du dir Schallwellen vorstellen kannst, probiere einmal Folgendes aus: Wirf einen Stein ins Wasser. Dort, wo der Stein aufs Wasser trifft, entstehen kleine kreisförmige Wellen. So ähnlich kannst du dir die Schallwellen in der Luft vorstellen.
Lege auch einmal deine Hand auf den Lautsprecher, wenn du das nächste Mal Musik abspielst.
Durch die Schallwellen wird der CD-Player oder Kassettenrekorder leicht bewegt. Du spürst ein leichtes Vibrieren. So kannst du die Schallwellen spüren.

WAS IST EIN GERÄUSCH?

Du hörst das Klappern von Töpfen und Geschirr, wenn deine Mama oder dein Papa in der Küche arbeiten. Wenn dein Bauklötzchen-Turm zusammenfällt, hörst du: „Klick-klack-klack-klack-klack-klack!". All das sind Geräusche. Viele Geräusche fallen dir vielleicht gar nicht mehr auf, weil du dich daran gewöhnt hast, wie zum Beispiel das Ticken der Uhr, das Rauschen der Dusche, die Waschmaschine und noch viele andere. Andere stören dich vielleicht, wie das Geräusch eines Rasenmähers, einer Motorsäge oder Türenknallen.

Geräusche und Töne
Um dich herum gibt es viele Geräusche. Du hörst das Pfeifen des Windes oder das Rauschen der Blätter. Der Wind bewegt die Blätter, sodass sie aneinander reiben – und wir hören ein Rascheln. Das Geraschel sind eigentlich kleine Luftwellen, die man Schallwellen nennt. Wir können sie nicht sehen, aber hören.

GERÄUSCHERÄTSEL: WAS IST DAS?

Geräusche kannst du gut mit deinen Lippen (schmatzen), der Zunge (schnalzen) oder dem Rachen (knurren, krächzen) machen. Doch viele Geräusche klingen auch mit deiner Stimme gut. Vielleicht errätst du sie?

- dripp-dropp, dripp-dropp
- schschschschschsch

- plitsch-platsch
- rischel-raschel
- njiäännn-njiäännn
- ritsche-ratsche

Die Lösungen findest du auf Seite 62.

Fallen dir noch andere Geräusche ein, die du gut mit deiner Stimme nachmachen kannst? Frag deinen Papa oder deine Mama, ob sie die Geräusche erkennen. Vielleicht fallen ihnen auch einige ein, die du erraten musst.

EXPERIMENT: DER GERÄUSCHEDETEKTIV

Wenn du einen Kassettenrekorder mit Aufnahmetaste hast, dann mache dich als Geräuschedetektiv auf Geräuschesuche. Geh in die Küche oder vor die Haustür, auf den Spielplatz oder mit deinen Eltern in den Supermarkt. Nimm überall die vielen Geräusche auf, die du hören kannst. Spiele die aufgenommenen Geräusche dann deinen Eltern, Geschwistern oder Freunden vor. Können sie erraten, was du aufgenommen hast?

WAS IST EIN TON?

Töne können ganz tief klingen, wie zum Beispiel bei einer großen Kirchturmglocke. Sie können aber auch ganz hoch und hell klingen, wie etwa bei einer Blockflöte.

Töne sind wie Treppenstufen

Stell dir eine Treppe vor. Jede Treppenstufe ist ein Ton, und je höher die Treppenstufe ist, desto höher hört sich der Ton an. Eine Melodie kannst du dir vorstellen wie ein Treppenhaus: Wenn du eine Melodie singst, dann singst du immer einen Ton nach dem anderen, das heißt: Du springst kreuz und quer durch das Treppenhaus, rauf und runter. Und jedes Mal, wenn du auf eine Stufe springst, hörst du einen Ton.
Bei einem Orchester spielen viele Instrumente verschiedene Töne gleichzeitig. Das heißt, dass im Treppenhaus viele Instrumente auf den Stufen herumhüpfen.

KLANG- UND TONRÄTSEL: WAS IST DAS?

Viele Klänge und Töne kannst du gut mit der Stimme nachmachen. Erkennst du die folgenden Klänge und Töne?

- ding-dong, ding-dong
- diddel-diddel-dü, diddel-diddel-dü
- tatü-tataa

Die Lösungen findest du auf Seite 62.

EXPERIMENT: FLASCHENKONZERT

Du brauchst:

- verschiedene leere Flaschen

Blase in eine Flaschenöffnung hinein. Die Luft in der Flasche beginnt zu schwingen und du hörst einen Ton. Blase nun auch in die anderen Flaschen hinein. Jede Flasche hört sich anders an, weil in jeder Flasche unterschiedlich viel Luft ist. Hast du Lust auf ein Flaschenkonzert? Dann suche dir jemanden zum Mitspielen. Jeder von euch bekommt verschiedene leere Flaschen – und schon kann es losgehen mit dem Flaschenkonzert!

EXPERIMENT: EIN SINGENDES LINEAL

Du brauchst:

- ein Plastiklineal

Einem Plastiklineal kannst du seltsame Töne entlocken. Lege einen Teil des Lineals auf eine Tischkante und halte es gut fest. Wenn du das andere Ende antippst, entsteht ein Geräusch oder ein Ton. Wenn du das Lineal nach vorne oder hinten verschiebst und jedes Mal neu antippst, kannst du selbst eine kleine Melodie erfinden.

BILDERRÄTSEL: WAS IST DAS?

Die Lösung findest du auf Seite 62.

Dieses Bild sieht aus wie eine Welle. Singe ein „Iiiiii …“ und mache mit deiner Stimme die Wellen nach, also langsam hoch und langsam tief singen. Errätst du, wonach sich das anhört?

Fallen dir weitere Klänge und Töne ein, die du gut mit der Stimme nachmachen kannst?

EXPERIMENT: GUMMIZUPF

Du brauchst:

- einen Gummiring
- eine Schere

Schneide den Gummiring an einer Stelle auf. Das eine Ende hältst du mit den Zähnen fest, das andere mit einer Hand. Dann zupft deine freie Hand an der Gummisaite. Hörst du den Ton? Je nachdem, wie stark du das Gummi spannst, klingt der Ton höher oder tiefer. Und je kürzer das Gummi ist, desto höher klingt es. Probiere es einfach aus!

UNSERE STIMME MACHT MUSIK!

Ein Instrument trägst du immer mit dir herum: deine Stimme. Es gibt sie nur ein einziges Mal auf der Welt, so wie es auch dich nur einmal gibt. Wenn du sprichst, verraten deine Stimme und deine Sprache viel über dich. An deiner Sprache erkennt man zum Beispiel, woher du kommst. Wenn du sprichst, kann man aber auch hören, ob du müde, traurig, aufgeregt oder lustig bist.

Außerdem kannst du laut und leise, schnell und langsam, gedehnt oder abgehackt wie ein Roboter sprechen. Du kannst hohe und tiefe Töne singen, schnelle und langsame Lieder …

Wo entsteht deine Stimme?

Du weißt ja jetzt schon, dass Geräusche und Töne bewegte Luft sind (siehe Seite 16). Wenn du ausatmest, strömt die Luft wie Wind aus dir heraus. Diese ausströmende Luft bewegt die Stimmbänder, die in deinem Hals sind. Je kürzer die Stimmbänder sind, desto höher ist die Stimme, so wie beim Experiment mit dem Gummiring (siehe Seite 20).

EXPERIMENT: MAL TIEF, MAL HOCH!

Lege eine Hand auf die Vorderseite deines Halses und singe: „Mmmmaaaaammmmaaaaa“. So kannst du die schnellen Bewegungen deiner Stimmbänder ganz deutlich spüren. Versuche dabei, mal ganz tief und dann ganz hoch zu sprechen oder zu singen, das fühlt sich unterschiedlich an.

EXPERIMENT: STIMMEN SPÜREN

Du brauchst:

- Mama oder Papa

Deine Mama oder dein Papa sagt: „Mmmh“. Lege deine Hand an ihren oder seinen Hals. Weil die Stimmbänder von Erwachsenen länger als deine sind, kannst du die Bewegungen, also die Schwingungen ihrer Stimmbänder, noch besser spüren als bei dir selbst.

EXPERIMENT: STIMMEN ERKENNEN

Du brauchst:

- drei Mitspieler oder Mitspielerinnen

Stell dich mit geschlossenen Augen in die Mitte eines Zimmers. Die anderen gehen im Raum spazieren. Wenn du „Stopp!“ rufst, bleiben alle stehen. Nun sagst du: „Das Zauberwort heißt: Fidibus!“ Nacheinander sagt jeder „Fidibus“ und du musst mit geschlossenen Augen erraten, wer „Fidibus“ gesagt hat. Danach werden die Rollen getauscht und einer deiner Mitspieler stellt sich in die Raummitte.

„Fidibus“ schwindelt!

Spielt noch einmal dasselbe Spiel, aber die anderen verstellen jetzt beim Sprechen ihre Stimme. Erkennst du sie trotzdem? Ihr könnt natürlich auch ein anderes Wort als „Fidibus“ wählen. Und wenn ihr wollt, kann sich jeder Mitspieler auch einen ganzen Satz überlegen, den er dann mit verstellter Stimme sagt.

Hörst du die Vögel?

Nicht nur Menschen, sondern auch viele Tiere können singen, zum Beispiel Wale oder Vögel. Ihr Gesang ist ihre Sprache. Auf den Gesang der Vögel hören auch andere Tiere: Wenn sich etwa ein Fuchs oder eine Katze anschleichen, stoßen die Vögel Warnrufe aus. Das alarmiert dann zum Beispiel die Mäuse.

Geh in den Garten oder in einen Park und schließ die Augen. Hörst du die Vögel? Wenn du Glück hast, kannst du sogar hören, wie sie sich unterhalten. Manchmal turteln sie miteinander und manchmal beschimpfen sie sich. Es macht richtig Spaß, ihnen zuzuhören!

INSTRUMENTE MACHEN MUSIK!

Seit es Menschen gibt, gibt es auch die Musik. Schon vor vielen tausend Jahren bliesen die Menschen auf einfachen Flöten aus Knochen, großen Muscheln oder Widderhörnern. Zu den ersten Instrumenten gehören auch Trommeln, Rasseln und einfache Saiteninstrumente.

Blasinstrumente

Vielleicht hast du eine Blockflöte zu Hause oder dein Papa, deine Tante oder dein Bruder haben eine Trompete. Obwohl eine Trompete und eine Blockflöte ganz anders aussehen, gehören beide zu den Blasinstrumenten. Alle Blasinstrumente sind Röhren. Wenn du in die Röhren hineinbläst, bewegt sich die Luft in der Röhre ganz schnell. Und weil sich die Luft schnell bewegt, hörst du einen Ton.

Zur Familie der Blasinstrumente gehören auch die Querflöte, das Horn, die Klarinette, das Fagott, die Oboe, das Alphorn und viele andere.

Saiteninstrumente
Alle Saiteninstrumente, zum Beispiel die Gitarre, die Harfe, die Mandoline, die Geige und das Cello, brauchen einen Klangkörper, ohne den wir bei diesen Instrumenten fast nichts hören könnten. Der Klangkörper verstärkt die in Schwingung versetzte Luft, sodass wir die Töne lauter hören. Mach das folgende Experiment, dann verstehst du, wie Saiteninstrumente funktionieren.

EXPERIMENT: SAITENINSTRUMENT

Du brauchst:
- ein Haushaltsgummi

Spanne das Gummi zwischen Daumen und Zeigefinger. Mit der anderen Hand zupfst du am Gummi. Du hörst einen sehr leisen Ton. Spanne das Gummi dann um eine Plastikschale (zum Beispiel eine Brotdose). Wenn du jetzt daran zupfst, ist der Klang viel lauter als ohne Dose.

Zupfen und streichen

Saiteninstrumente (siehe Seite 25) werden in zwei Familien unterteilt:

- *Zupfinstrumente:* Sicher hast du schon einmal eine Gitarre gesehen oder sogar darauf gespielt. Die Gitarre hat sechs Saiten aus Metall oder Plastik. Weil die Saiten der Gitarre oder auch der Harfe mit den Fingern angezupft werden, nennt man sie Zupfinstrumente.
- *Streichinstrumente:* Diese Instrumente werden mit einem Bogen und Saiten gespielt. Mit dem Bogen kann man auf einer Geige, Bratsche, einem Cello und Kontrabass schöne lange Töne spielen, indem man damit über die Saiten streicht. Deshalb werden sie Streichinstrumente genannt.

Schlaginstrumente

Zu den Schlaginstrumenten gehört zum Beispiel die Trommel, weil man sie mit der Hand oder einem Schlägel zum Klingen bringt. Die Familie der Schlaginstrumente besteht aus vielen Instrumenten, zum Beispiel Pauken, Xylophone, Kastagnetten ... Sicher hast du bei einer Popgruppe schon einmal ein Schlagzeug gesehen. Das Schlagzeug macht den Rhythmus in einem Musikstück.

EXPERIMENT: SCHLAGINSTRUMENT

Du brauchst:

- einen Kochlöffel

Der Kochlöffel ist dein Schlägel, mit dem du alles Mögliche in deinem Zimmer zum Klingen bringen kannst. Du kannst auf die Heizkörper klopfen, auf Kisten, auf die Zimmertür, auf das Bettgestell. Was klingt gleich, was klingt anders?

Tasteninstrumente

Ein Tasteninstrument ist zum Beispiel das Klavier. In seinem Körper sind ganz viele dicke Saiten gespannt. Wenn du auf eine Taste drückst, bringt sie einen Klöppel in Schwung. Der schlägt blitzschnell auf der Saite an und geht schnell wieder weg. Jetzt hören wir einen Ton. Diese Instrumente werden „Saitenklinger" genannt. Bei einem Akkordeon sind die Tasten auf jeder Seite so angeordnet, dass der Spieler bequem mit jeder Hand darauf spielen kann. Zwischen den Tasten ist ein riesiger Blasebalg, der Luft in das Instrument bläst. Beim Akkordeon werden die Töne durch Luft erzeugt. Solche Instrumente werden „Luftklinger" genannt. Die große Kirchenorgel gehört übrigens auch dazu.

WO MACHEN UND WO HÖREN WIR MUSIK?

Sicherlich hast du einen Kassettenrekorder oder einen CD-Player, aus dem die Musik mal laut oder mal leise klingt. Die Musik, die du dort hörst, wurde vorher in einem Tonstudio oder während eines Konzerts aufgenommen und dann auf einen Tonträger (eine Kassette oder eine CD) übertragen.

Orchester, Chöre, Popbands ...

Spielen viele Musiker mit ihren Instrumenten zusammen, dann nennt man das ein Orchester. Es gibt verschiedene Orchester, zum Beispiel ein Blasorchester, ein Sinfonieorchester, ein Streichorchester. Wenn viele Menschen zusammen singen, nennen wir das aber Chor und nicht etwa Singorchester.
Wird gleichzeitig gesungen und mit Instrumenten gespielt, so können das Popbands genauso machen wie die Musiker bei einer Opernaufführung mit Sinfonieorchester und Opernsängern.

Überall ist Musik!

Es gibt fast keinen Menschen auf der Welt, dem Musik nicht gefällt. Überall wird musiziert und gesungen: bei Geburtstagen, an Weihnachten oder bei Hochzeiten, im Kindergarten, in der Schule, in der Kirche, auf der Kirmes oder bei Umzügen ... Auf manchen Festen spielen große Orchester, es singen Gesangsvereine oder Chöre.

Auf anderen Festen spielen Bands Schlager und Popmusik, und die Menschen tanzen dazu.
Vielleicht gehst du auch in eine Musikschule und lernst ein Instrument. Oder du singst in einem Kinderchor. Es macht auf jeden Fall viel Spaß, mit anderen zu musizieren.

Ein Tag mit Musik
Beobachte oder, besser gesagt, höre einen Tag lang ganz genau darauf, wo du überall Musik hörst. Schreib es auf oder bitte deine Eltern, es aufzuschreiben. Am Abend lest ihr die Liste gemeinsam durch. Ihr werdet erstaunt sein, wie viel Musik ihr gehört habt!

Musik hörst du zum Beispiel auch, wenn du mit deinen Eltern in einem Kaufhaus bist. Die Musik soll die Leute in gute Laune versetzen, denn gut gelaunt kaufen die Menschen oft mehr ein.
Musik gehört einfach zu unserem Leben dazu, mit ihr ist alles ein bisschen schöner, bunter und lebendiger!

Spiele mit Klängen und Geräuschen

Bei den folgenden Spielen musst du deine Ohren gut spitzen – und du wirst dich wundern, wie viele unterschiedliche Geräusche du erraten kannst. Als Instrumente kannst du verschiedene Dinge benutzen, die es bei euch zu Hause gibt: Holzlöffel, Töpfe, Büchsen …

WAS HÖRT SICH WIE AN?

Du brauchst:

- verschiedene Büchsen oder Schachteln oder Plastikdosen mit Deckel
- verschiedene Materialien zum Befüllen (z. B. Reiskörner, Nägel, Perlen, Murmeln, Büroklammern, getrocknete Bohnen, Sand)
- jemanden, der mit dir spielt

Füllt jeweils ein Material in einen Behälter und verschließt ihn. Dann schüttelt ihr die Behälter. Versucht euch zu merken, wie sich zum Beispiel die getrockneten Bohnen oder der Sand beim Schütteln anhören.
Dann schließt du die Augen. Dein Mitspieler schüttelt irgendeinen der Behälter. Errätst du, was darin rasselt? Dann schüttelt dein Mitspieler den nächsten Behälter. So geht es immer weiter,

bis er alle Behälter geschüttelt hat. Dann wird getauscht, du darfst schütteln und dein Mitspieler muss raten.

LAUSCH-MEMO

Du brauchst:

- 10 bis 16 gleiche undurchsichtige Behältnisse (z. B. kleine Joghurt-Trinkfläschchen)
- verschiedene Materialien zum Befüllen (z.B. Reiskörner, Nägel, Perlen, Büroklammern)
- Klebeband
- jemanden, der mit dir spielt

Füllt in jeweils zwei Behälter das gleiche Material in der gleichen Menge. Dann schraubt ihr die Fläschchen zu oder verklebt die Öffnung mit Klebeband. Verteilt alle Fläschchen vor euch auf dem Tisch und setzt euch einander gegenüber. Schüttelt nun immer abwechselnd ein Fläschchen und versucht, euch das Geräusch und die Position des Fläschchens zu merken. Das geht so lange, bis einer von euch denkt, dass er das gerade geschüttelte Geräusch schon einmal gehört hat. Er muss nun das passende Fläschchen finden! Gemeinsam hört ihr dann, ob die beiden wirklich gleich klingen. Wenn ja, dann werden sie an die Seite gestellt, wenn nicht, stellt ihr sie wieder an ihren Platz. Das Spiel ist zu Ende, wenn kein Fläschchen mehr in der Mitte steht.

WOHER KOMMT DER KLANG?

Du brauchst:

- mindestens einen Mitspieler oder eine Mitspielerin
- für jeden, der mitspielt, ein Instrument (z. B. Rasselbüchsen aus den Spielen von Seite 30 f, Klanghölzchen, Handtrommel, Kochtopf mit Löffel, zwei Topfdeckel)

Du fängst an, stellst dich in die Mitte des Raums und schließt die Augen. Die anderen nehmen ein Instrument zur Hand und suchen sich leise einen Platz im Zimmer.

Der erste Mitspieler spielt nun auf seinem Instrument. Du zeigst in die Richtung, aus welcher der Klang kommt. Hast du es erraten, darfst du die Augen kurz öffnen und in diese Richtung schauen. Dann schließt du deine Augen wieder und deine Mitspieler drehen dich einige Male in eine Richtung, damit du nicht mehr so gut weißt, wo genau du stehst.

Nun spielt der nächste Mitspieler mit seinem Instrument. Woher kommt der Klang dieses Mal? Ihr könnt das Ganze so oft wiederholen, wie ihr wollt. Dabei suchen sich deine Mitspieler immer einen neuen Platz im Raum. Nach ein paar Wiederholungen bekommst du ein Instrument und einer deiner Mitspieler stellt sich in die Raummitte.

Dem Klang folgen
Wenn ihr einen großen Raum zur Verfügung habt, kann dich ein Mitspieler mit Hilfe des Klangs seines Instruments auch durch den Raum führen.

RIESE ODER ZWERG?

Du brauchst:
- zwei Mitspieler oder Mitspielerinnen
- zwei Klanghölzchen oder zwei Teelöffel
- eine Trommel oder eine größere Plastikschüssel und einen Kochlöffel

Einer deiner Mitspieler spielt auf der Trommel: langsam und laut. Das ist die Musik für den Riesen. Der andere spielt mit den Klanghölzchen: schnell und leise. Das ist die Musik für den Zwerg.
Du bist jetzt ein Dirigent, der sich als Riese oder Zwerg durch den Raum bewegt. Stampfst du als Riese mit großen Schritten durch den Raum, begleitet dich der Mitspieler mit der Trommel. Läufst du als Zwerg tippelnd umher, begleitet dich dein Mitspieler mit den Klanghölzchen. Nach einigen Wiederholungen wird getauscht. Versuche auch einmal, als Riese zu schleichen, also leise und langsam zu gehen, und als Zwerg schnell und laut. Können deine Mitspieler mit ihren Instrumenten darauf reagieren?

DAS ECHOSPIEL

Du brauchst:
- jemanden, der mit dir spielt
- zwei Instrumente (z. B. Trommeln, Töpfe und Kochlöffel, Klanghölzchen, Rasseln)

Setzt euch einander gegenüber. Einer ist der Vorspieler, der andere der Nachspieler. Wenn du der Vorspieler bist, dann spielst du als Erster auf deinem Instrument. Der Nachspieler versucht dann, genau das nachzuspielen, was du vorgespielt hast. Nach einigen Durchgängen werden die Rollen gewechselt. Jetzt bist du der Nachspieler.
Damit sich der Nachspieler alles merken kann, sollte der Vorspieler nicht zu lange vorspielen.

Eine musikalische Unterhaltung
Anstatt immer dasselbe nachzuspielen, versucht der Nachspieler bei diesem Spiel, eine Antwort auf seinem Instrument zu geben. Ihr könnt zum Beispiel einen kleinen Streit spielen oder dass der eine traurig ist und der andere ihn tröstet.

RÜCKENSPIELEREI

Du brauchst:

- jemanden, der mit dir spielt
- ein grobes Küchensieb oder einen großen Topf
- zwei Löffel aus Metall

Dein Mitspieler setzt sich auf den Boden und stellt den Topf mit der Öffnung nach unten vor sich. Du setzt dich hinter ihn.
Der Rücken deines Mitspielers ist nun deine „Rückentrommel". Du klopfst, streichelst, patschst oder tippst darauf, zum Beispiel:

- tipp – tipp – tipp (mit dem Finger),
- patsch – patsch – patsch (mit der Handfläche).

Dein Mitspieler versucht nun, genau das mit den Löffeln auf dem Topf oder Sieb nachzuspielen. Dazu tippt er zum Beispiel mit den Löffeln dreimal senkrecht auf den Topfboden und schlägt ihn dann dreimal ziemlich flach.
Noch ein Beispiel: Du streichst zuerst mit der einen, dann mit der anderen Hand über den Rücken deines Mitspielers. Er streicht zuerst mit dem einen, anschließend mit dem anderen Löffel über den Topf. Nach einigen Durchgängen wird getauscht.
Ihr könnt dieses Spiel auch umgekehrt spielen. Dein Mitspieler spielt auf dem Topf oder Sieb und du musst es auf seinem Rücken nachspielen.

Spiele mit Sprache

Vielleicht hast du schon einmal gemerkt, dass die Sprache eng mit der Musik verwandt ist. Wie in der Musik können wir auch laut und leise sprechen, schnell und langsam, eintönig oder mit Rhythmus. Es macht viel Spaß, Geräusche und Klänge wie „ritze-ratze“ oder „ding-dang-dong“ mit der Stimme nachzuahmen oder einfach Unsinn zu quasseln. Und das kannst du mit den Spielen auf den folgenden Seiten ausgiebig machen.

DER KRACHO-SPRECHOMAT

Ahoi!

Du brauchst:

- mehrere Mitspieler oder Mitspielerinnen
- für jeden, der mitspielt, ein Seil oder eine Schnur

Rtsch-rtsch-rtsc

Überlegt euch gemeinsam, welche Geräusche und kurzen Zurufe euch besonders gut gefallen. Das können zum Beispiel sein:

- Feuerwehr: „Tatü-tataa!“, „Wasser marsch!“, „Schschschsch …“
- Bahnhof: „Türen schließen bei der Abfahrt!“, „Rtsch-rtsch-rtsch!“
- Schifffahrt: „Ahoi!“, „Mann über Bord!“, „Huiiiii!“

Huiiiiii!

SchSchSchSch...

Einigt euch auf die Geräusche und die Sätze, die ihr sprechen wollt, zum Beispiel zum Thema Feuerwehr. Dann verteilt ihr die Rollen. Einer ruft: „Tatü-tataa!“, der Nächste: „Wasser marsch!“ und so weiter.

Wasser marsch!

Dann bekommt jeder der Mitspieler ein Seil. Du stellst dich vor die anderen und hältst das andere Ende ihres Seils in der Hand. Nun kann es mit dem Kracho-Sprechomaten losgehen. Ziehst du an einem der Seile, dann spricht immer nur der Mitspieler am anderen Seilende seinen jeweiligen Satz oder macht sein Geräusch. Ziehst du an einem anderen Seilende, dann spricht der andere Mitspieler.

Das tun sie so lange, wie du an ihrem Seil ziehst. Nach einer Weile wird getauscht.

Tatü-tataa!

Probiert auch das hier aus:

- Die Sprecher des Kracho-Sprechomaten schließen die Augen und spüren, wenn an ihrem Seil gezogen wird, wenn sie also an der Reihe sind.
- Ihr könnt das Seil auch mal an das Handgelenk oder um das Fußgelenk der Krachomaten-Sprecher binden.
- Wenn du nur einen Mitspieler hast, dann hält er ein Seil mit der Hand, das andere bindet ihr um sein Fußgelenk. Ziehst du nun am Fußseil, so ruft der Sprecher zum Beispiel: „Tatütataa!“ Ziehst du am Armseil, so ruft er: „Wasser marsch!“

AUF DEM BAUERNHOF

Du brauchst:

- mehrere Mitspieler oder Mitspielerinnen

Besprecht gemeinsam, welche Tiere es auf eurem Bauernhof geben soll: Pferde, Hühner, Schweine, Schafe, Kühe, Katzen …

Dann fängst du an. Du bist der „Tierdirigent" und stellst dich vor den anderen auf. Galoppiere jetzt zum Beispiel wie ein Pferd. Die anderen müssen erraten, welches Tier du darstellst. Wenn sie es erraten haben, rufen sie aber nicht „Ein Pferd!", sondern sie wiehern wie ein Pferd. Dann machst du das nächste Tier vor.
Ihr könnt auch so spielen: Die Mitspieler suchen sich ein Lieblingstier aus und wiehern, maunzen, bellen, gackern nur dann, wenn du ihr Tier darstellst.

MÄRCHEN-GEQUASSEL

Du brauchst:

- zwei Mitspieler oder Mitspielerinnen

Bestimmt kennst du viele Märchen. Und sicher kennst du auch einige Sprüche, die aus diesen Märchen stammen, zum Beispiel:

„Tischlein, deck dich.“

„Spieglein, Spieglein an der Wand, wer ist die Schönste im ganzen Land?“

„Ach, wie gut, dass niemand weiß, dass ich Rumpelstilzchen heiß!“

Deine Mitspieler überlegen sich jeweils einen Märchenspruch, den sie am liebsten sprechen wollen, und stellen sich nebeneinander auf. Du stellst dich dahinter.
Du bist jetzt der Streicheldirigent. Streichelst du einem deiner Mitspieler über den Rücken, dann sagt er seinen „Märchenspruch“. Hörst du auf ihn zu streicheln, hört er auf zu „quasseln“. Natürlich kannst du auch beide „Märchen-Quassler“ gleichzeitig streicheln. Dann wird gewechselt und einer deiner Mitspieler ist der Streicheldirigent.

Probiert auch einmal Folgendes aus:
Der Streicheldirigent streichelt mal schneller und mal langsamer. Die Mitspieler reagieren auf die Schnelligkeit und die Stärke der Berührung, indem sie lauter und schneller oder langsamer und leiser sprechen. Dann werden die Rollen wieder getauscht.

TOCKE-TOCK, DER SPECHT

Du brauchst:

- zwei Löffel aus Holz oder Metall oder ein Paar Klanghölzchen

Tocke-tock, tocke-tock,
hörst du den Specht?
Der hämmert nicht schlecht.

Der Specht, „tocke-tock!“,
der hämmert am Loch.
Mit seinem schnellen langen Schnabel,
der so spitz ist wie die Gabel.

Tocke-tock, tocke-tock,
hörst du den Specht?
Der hämmert nicht schlecht.

Sag den Reim laut und begleite dich mit deinem Instrument selbst dazu. Schlage mit den Löffeln oder Hölzchen dabei auf verschiedene Gegenstände, zum Beispiel auf einen Holzstuhl, einen Topfboden oder einen Holzboden.

RAPPE-RAPPE, DIE STEINE

Du brauchst:

- verschiedene Steine (nicht zu kleine, damit sie gut in der Hand liegen)

Nimm einen Stein in jede Hand und schlage oder reibe die Steine aneinander. Sag dann den folgenden Reim laut und begleite dich mit den Steinen dazu (siehe rechte Spalte).

Einen Stein in jeder Hand, sie sind hart, sie sind schwer. Sind nicht leicht wie Rieselsand.	*Fühle die Steine in deiner Hand, wiege sie auf und ab.*
Reibe sie nun schrappe-schrapp, kräftig aneinander ab. Rappe-rappe, schrapp-schrapp-schrapp.	*Reibe die Steine im Sprechryhthmus kräftig aneinander. Wiederhole „Rappe-rappe …“, sooft du willst.*
Klopf die Steine kling – klang – klong, aneinander ding – dang – dong.	*Klopfe die Steine im Sprechrhythmus aneinander. Wiederhole „kling – klang – klong“, „ding – dang – dong“, sooft du willst.*
Reibe sie nun schrappe-schrapp, kräftig aneinander ab. Rappe-rappe, schrapp-schrapp-schrapp.	*Klopfe die Steine im Sprechrhythmus aneinander. Wiederhole „Rappe-rappe …“, sooft du willst.*

RISCHEL, RASCHEL, LAUBGERASCHEL

Du brauchst:
- mindestens einen Mitspieler oder eine Mitspielerin
- für jeden, der mitspielt, ein Säckchen oder eine Tüte, gefüllt mit Laub

Dieses Spiel macht ihr am besten draußen. Sagt den Reim laut und spielt dazu:

Die Blätter sind vom Baum gefallen. Durch Laub zu geh'n gefällt uns allen: Rischel, raschel, Laubgeraschel, rischel, raschel, Laubgeraschel.	*Raschelt mit den Laubblättern im Sack.*
Komm wir wollen alle laufen, durch den dicken Blätterhaufen. Rischel, raschel, Laubgeraschel, rischel, raschel, Laubgeraschel.	*Lauft über die Wiese, über den Spielplatz … Raschelt mit den Laubblättern im Sack.*
Wir bauen einen Blätterhaufen, darin können wir dann raufen. Rischel, raschel, Laubgeraschel, rischel, raschel, Laubgeraschel.	*Legt alle Blättersäcke aufeinander. Legt euch auf den Blätterhaufen.*

JAPANISCHE TROMMELN

Du brauchst:
- jemanden, der mit dir spielt
- einen großen und einen kleinen Topf
- vier Löffel

„Taiko" ist Japanisch und heißt Trommel.
„Okina Taiko" heißt „eine große Trommel".
Sie macht: „Ton – Ton!"
„Chisana Taiko" (gesprochen: Tschisana Taiko) heißt „eine kleine Trommel". Sie macht: „Tan – Tan – Tan!"
Setzt euch einander gegenüber. Einer hat die große, der andere die kleine Trommel vor sich.

Der Spieler mit der großen Trommel spricht und spielt zuerst:

O – ki – na Tai – ko: Ton – Ton!

Nun ist der Spieler mit der kleinen Trommel dran:

Tschi – sa – na Tai – ko: Tan – Tan – Tan!

Dann sprecht und spielt ihr zusammen:

O – ki – na Tai – ko. Tschi – sa – na Tai – ko.

Ton – Ton! Tan – Tan – Tan!

langsamer Ton

mittel-schneller Ton

schneller Ton

Spiele mit Liedern

Singen macht Spaß, vor allem, wenn du mit einfachen Instrumenten Geräusche dazu machen kannst. Solche „Instrumente“ können sein: Gläser, Löffel, Flötenköpfe … Die folgenden Lieder kennst du bestimmt; wenn nicht, frag deine Eltern. Sie kennen die Lieder sicher. Weil das gemeinsame Singen noch mehr Spaß macht, frag einfach deine Eltern, Großeltern oder Freunde, ob sie mit dir singen.

1 Es klappert die Mühle am rauschenden Bach,
(Kreist eure Unterarme umeinander.)
klipp, klapp.
(Zweimal die Löffel aneinander schlagen.)
Bei Tag und bei Nacht ist der Müller stets wach,
(Kreist eure Unterarme umeinander.)
klipp, klapp.
(Zweimal die Löffel aneinander schlagen.)

Er mahlet das Korn zu dem kräftigen Brot
und haben wir dieses, so hat's keine Not.
(Kreist eure Unterarme umeinander.)
Klipp, klapp, klipp, klapp, klipp, klapp.
Klipp, klapp, klipp, klapp, klipp, klapp.
(Bei jedem „klipp“ und „klapp“ die Löffel aneinander schlagen.)

ES KLAPPERT DIE MÜHLE …

Du brauchst:

- mindestens einen Mitspieler oder eine Mitspielerin
- für jeden, der mitspielt, zwei Löffel aus Metall oder Holz oder ein Paar Klanghölzchen

Jeder nimmt zwei Löffel oder die Klanghölzchen zur Hand. Dann singt ihr das Lied gemeinsam und macht die darunter stehenden Bewegungen dazu.

2

Flink laufen die Räder und drehen den Stein,
(Kreist eure Unterarme umeinander.)
klipp, klapp.
(Zweimal die Löffel aneinander schlagen.)
Und mahlen den Weizen zu Mehl uns so fein!
(Kreist eure Unterarme umeinander.)
Klipp, klapp.
(Zweimal die Löffel aneinander schlagen.)

Der Müller, der füllt uns den schweren Sack,
(Geht schwer beladen durch den Raum.)
der Bäcker das Brot und den Kuchen uns backt.
(Knetet einen Teig.)
Klipp, klapp, klipp, klapp, klipp, klapp.
Klipp, klapp, klipp, klapp, klipp, klapp.
(Bei jedem „klipp“ und „klapp“ die Löffel aneinander schlagen.)

KUCKUCK, KUCKUCK, RUFT'S AUS DEM WALD

1 Kuckuck *(Echo: Kuckuck)*, Kuckuck *(Echo: Kuckuck)*,
ruft's aus dem Wald.
Lasset uns singen, tanzen und springen!
Frühling, Frühling wird es nun bald!

2 Kuckuck *(Echo: Kuckuck)*, Kuckuck *(Echo: Kuckuck)*,
lässt nicht sein Schrei'n.
Komm in die Felder, Wiesen und Wälder!
Frühling, Frühling, stelle dich ein!

Du brauchst:

- einen Blockflötenkopf
- jemanden, der mit dir spielt

Singt das Lied gemeinsam. Dann singt einer den Anfang des Liedes allein und der andere das Echo. Beim nächsten Mal spielst du das Echo auf dem Flötenkopf. Das geht so:
Bei „Ku-“ bläst du in den Flötenkopf hinein. Blase dabei am Anfang ein „K“. Bei „-ckuck“ steckst du ein Fingerglied deines Zeigefingers in die untere runde Öffnung des Flötenkopfes. Dabei ebenfalls mit einem „K“ beginnen. Das musst du ein bisschen üben, bis es sich wie ein echter Kuckucksruf anhört.
Dann singt ihr das Lied gemeinsam und du spielst immer das Echo auf dem Flötenkopf.

BRUDER JAKOB

Bruder Jakob, Bruder Jakob,
schläfst du noch, schläfst du noch?
Hörst du nicht die Glocken,
hörst du nicht die Glocken?
Ding – dang – dong.
Ding – dang – dong.

Du brauchst:

- zwei Gläser
- einen Löffel

Fülle eines der Gläser etwas weniger als bis zur Hälfte mit Wasser. Das andere Glas füllst du bis auf einen kleinen Fingerbreit voll. Singe dann das Lied. Bei „Ding“ schlägst du auf das Glas mit wenig Wasser, bei „dang“ auf das volle Glas und bei „dong“ wieder auf das Glas mit wenig Wasser.

TIPP FÜR ELTERN

Singen Sie mit Ihrem Kind auch einmal die englische oder französische Fassung von „Bruder Jakob“.

Are you sleeping, are you sleeping,
brother John, brother John?
Morning bells are ringing,
morning bells are ringing.
Ding – dang – dong.
Ding – dang – dong.

Frère Jacques, frère Jacques,
dormez-vous, dormez-vous?
Sonnez les matines,
sonnez les matines.
Ding – dang – dong.
Ding – dang – dong.

Spiele mit Instrumenten

Für die Spiele mit Instrumenten darfst du dir einige Instrumente selbst basteln. Dazu gibt es dann Klanggeschichten, bei denen du deine neuen Instrumente ausprobieren kannst.

WALDTEUFEL

Du brauchst:

- einen Jogurtbecher
- einen Nylonfaden (zirka 45 cm lang)
- ein kurzes Rundhölzchen (8–10 cm, zirka 1 cm Durchmesser)
- eine Perle
- eine Nagelschere

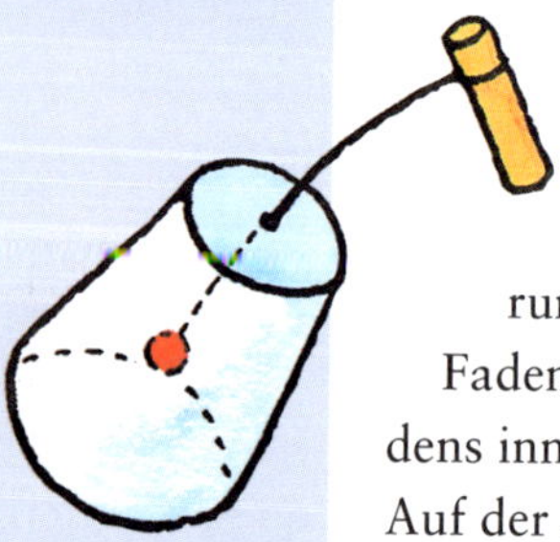

Mach mit der Nagelschere ein kleines Loch in den Boden des Bechers. Sei vorsichtig! Schnitze in das Hölzchen rundherum eine Kerbe. Ziehe dann den Faden durch das Loch. An das Ende des Fadens innerhalb des Bechers fädelst du eine Perle. Auf der Außenseite bindest du den Faden an die Kerbe des Hölzchens. Binde den Faden aber nicht ganz straff um das Hölzchen, sondern so, dass es sich innerhalb des Fadens noch drehen lässt. Spanne den Nylonfaden und drehe gleichzeitig das Hölzchen. Das klingt ganz unheimlich!

SPRECHTRICHTER

Du brauchst:
- einen Bogen Bastelkarton oder dickes Papier
- Büroklammern
- einen Klebestift

Rolle den Karton so auf, dass ein Ende eng und das andere weit ist – wie bei einem Trichter. Befestige den Trichter mit zwei Büroklammern. Ziehe an der Stelle, an der der Karton außen endet, eine Linie mit Bleistift und rolle den Trichter wieder auf. Gib etwas Klebstoff auf die Linie und klebe die beiden Seiten fest zusammen.

KLAPPER-KASTAGNETTEN

Du brauchst:
- zwei Walnussschalen-Hälften, gesäubert
- feste Pappe (zirka 1–2 mm dick)
- einen Klebestift
- Wasserfarben, Buntstifte oder Filzstifte

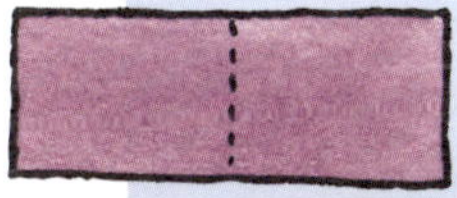

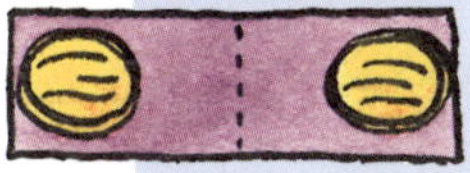

Schneide aus der Pappe einen Streifen, 4,5 cm breit und zirka 18 bis 20 cm lang. Wenn du magst, male den Streifen an und knicke ihn in der Mitte.
Auf die unteren Hälften der Innenseite klebst du jeweils eine Walnusshälfte.

EINE NACHT IM GESPENSTERSCHLOSS

Du brauchst:

- mehrere Mitspieler oder Mitspielerinnen
- jemanden, der vorliest
- Ketten (aus Metall, Plastik)
- einen Metalltopf mit Löffel
- Klapper-Kastagnetten (siehe Seite 49)
- einen Sprechtrichter (siehe Seite 49)
- einen Waldteufel (siehe Seite 48)

Alle Instrumente werden griffbereit auf den Tisch gelegt und schon kann es losgehen.

Die Turmuhr schlägt zwölf Mal.

Zwölf Mal auf den Topf schlagen.

Gespensterfrau Klothilde erwacht und öffnet knarrend ihre Bett-Truhe.
„Ach!“, stöhnt Klothilde, „ich möchte so gerne wissen, wie ich aussehe! Vielleicht finde ich ja heute den Gespensterspiegel, in dem ich mich sehen kann.“

Mit dem Waldteufel knarren.

Sie holt ihre Rasselketten aus der Truhe und geht auf ihren Gespensterrundgang.

Mit Ketten in einem Topf rasseln.

Zuerst besucht sie den dicken König und bläst ihm wie jede Nacht kalte Luft um die Nase.

Durch den Sprechtrichter hauchen.

Dann singt sie der Königin ein Mitternachtsständchen, von dem diese schlechte Träume bekommt.

Durch den Sprechtrichter heulen.

Die Prinzessin erschrickt sie mit Knacken und Kichern.

Kichern und mit den Kastagnetten klappern.

Und den Prinzen erschrickt sie mit allem, was sie hat, und zwar so laut wie möglich.

Mit möglichst allen Instrumenten spielen.

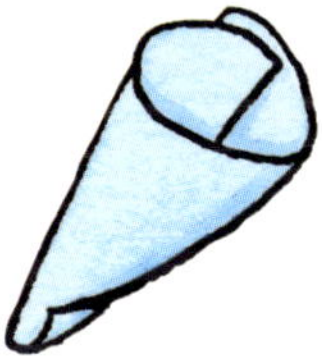

Da entdeckt Klothilde einen Spiegel in einer geöffneten Schranktür. „Ob das wohl der Gespensterspiegel ist?“, flüstert sie und schaut neugierig hinein.
„Oh, tausendfaches Gruselgrauen, bin das wirklich ich?“ Sie heult, jammert und schreit so grauenhaft, dass sie für immer ihre Stimme verliert und nur noch
rasseln,
klappern,
knarren und
kalte Luft hauchen kann.

Mit den Ketten rasseln, mit den Kastagnetten klappern, mit dem Waldteufel knarren und durch den Sprechtrichter hauchen.

TARZAN SUCHT CHITA

Du brauchst:

- mehrere Mitspieler oder Mitspielerinnen
- jemanden, der vorliest
- eine Trommel oder einen Metalltopf mit Löffel
- Klapper-Kastagnetten (siehe Seite 49)
- einen Waldteufel (siehe Seite 48)
- einen Flötenkopf
- eine Schüssel mit Wasser
- Rassel (z. B. von Seite 30 f)

Alle Instrumente werden griffbereit auf den Tisch gelegt und schon kann es losgehen.

Es ist Morgen im Dschungel und der Regen prasselt auf die Blätter.	*Rassel schütteln.*
Tarzan hört aus dem nahen Dorf das Trommeln seiner Freunde. Doch er vermisst Chita, seinen Affen. Er macht sich auf den Weg, um Chita zu suchen.	*Leise auf der Trommel spielen.*
Er schwingt sich mit einer Liane vom Baumhaus weg. Huih! Dann greift er schon die nächste Liane – huih! und noch eine – huih!	*Bei jedem „Huih“ Finger in den Flötenkopf stecken, in die Flöte blasen, dabei den Finger langsam wieder herausziehen.*
Und schon ist er am See gelandet.	*Mit Wasser in der Schüssel plätschern.*

Um Chita zu finden, schließt Tarzan die Augen, denn mit geschlossenen Augen kann er die einzelnen Tiere viel genauer hören.

Er hört knacken,
rauschen,
klopfen,
als es plötzlich neben ihm „Wusch!" macht.

Mit dem Waldteufel knarren, die Rassel schütteln, mit Kastagnetten klappern. Bei „Wusch!" leicht auf die Trommel schlagen.

Jemand hat ihn mit Bananen beworfen!
„Das kann nur die freche Chita sein!", denkt er und hört schon von weitem ihr Kichern aus den Baumwipfeln.

Kichern.

Er schwingt sich mit einer Liane in den Baum, aus dem das Kichern zu hören ist. Huih!

„Huih!" mit dem Flötenkopf (siehe links).

Zwischen Tarzan und Chita kommt es zu einem wilden Versteckspiel, bei dem viele Zweige herunterkrachen.

Mit dem Waldteufel knarren, die Rassel schütteln, mit Kastagnetten klappern.

Es raschelt und knackt überall, als plötzlich beide zusammen mit einem großen „Platsch!" in den See fallen.

Bei „Platsch!" kräftig auf die Trommel schlagen und mit Wasser in der Schüssel plätschern.

Spiele mit Noten

Es macht Spaß, selbst Musik zu erfinden. Aber die meisten Lieder, die du singst oder auf einem Instrument spielst, wurden von einem Komponisten komponiert, also ausgedacht und aufgeschrieben. Und damit jeder diese Lieder singen und spielen kann, haben sich kluge Leute eine Schrift ausgedacht: die Notenschrift. Mit ihr kann man lange und kurze, hohe und tiefe Töne genau aufschreiben.

„Hallo! Ich heiße Cecilia und bin eine Note. Die großen Leute sagen zu mir einfach ‚Ce zwei', aber ich finde Cecilia viel schöner.
Noten bestehen aus einem Notenkopf und einem Notenhals.

Ich habe viele Notenfreunde und sogar einen Bruder. Der heißt Cecilius und wird ‚Ce eins' genannt. Wenn er erklingt, hört er sich viel tiefer an als ich.
Wir Noten wohnen in einem langen Haus. Es hat lauter Stockwerke mit Wohnungen. Die Böden dieser Wohnungen sind die Notenlinien.

Am Eingang zu unserem Haus steht der Notenschlüssel. Er steht immer am Anfang jeder Notenzeile.

Versuche einmal selbst, den Notenschlüssel nachzumalen. Kopiere dazu die folgenden Notenlinien.

Kopiervorlage

Jetzt möchte ich dir alle meine Notenfreunde vorstellen. Damit du uns besser sehen kannst, stellen wir uns der Reihe nach auf, wie auf einer Leiter. Wir nennen das eine Tonleiter.
Da unsere Tonleiter mit Cecilius beginnt und mit mir – Cecilia – aufhört, wird sie C-Dur-Tonleiter genannt. Cecilius ist der tiefste Ton und liegt auf einer extra für ihn gemalten Hilfslinie. Jeder Ton in der Tonleiter wird immer etwas höher gemalt als der Ton davor, denn er klingt auch immer ein kleines bisschen höher:

Dabei wechseln wir Noten uns immer ab. Eine ist auf der Notenlinie, die nächste ist zwischen zwei Notenlinien – und so weiter, wie auf einer Leiter eben.

Normalerweise sind wir nicht so brav und setzen uns hintereinander auf die Notenlinien. Denn je nachdem, wie eine Melodie klingt, haben wir immer unterschiedliche Notenfreunde als Nachbarn. Und damit das alle besser lesen können, gibt es die Taktstriche.
Kennst du das Lied „Fuchs, du hast die Gans gestohlen"? Hier kannst du die Taktstriche sehen:

Vielleicht hast du auch schon einmal überlegt, was die zwei Zahlen am Anfang der Notenzeile bedeuten? Die obere Zahl sagt dir, wie viele Schläge in einem Takt sind, die untere zeigt, welche Noten es sind. In unserem Beispiel hier sind es Viertelnoten.
Singe dieses Lied doch einfach mal. Fällt dir auf, dass du dabei meistens kurze Töne singst? Damit jeder weiß, wann die Töne lang oder kurz gesungen werden, sind die Notenköpfe nicht immer ausgemalt, wie der letzte Ton in unserem Beispiel. Das bedeutet, dass diese Note doppelt so lang zu singen ist.

Manchmal bekommen wir Noten aber auch ein Fähnchen angehängt oder werden mit einem dicken Balken verbunden. Dann sind wir plötzlich doppelt so schnell:

Dass in einem Lied manchmal schnell und manchmal langsam gesungen wird, weißt du schon. In der Musiksprache wird das „Rhythmus“ genannt. Der Rhythmus besteht aus Noten, die schnell und langsam sind. Dazu kannst du das folgende Klatschspiel machen. Dabei ist es wichtig, dass du ganz gleichmäßig klatschst. Singen kannst du bestimmt auch. Singe einfach mal: „Daaaaaaa.“ Prima! Jetzt kann es losgehen:

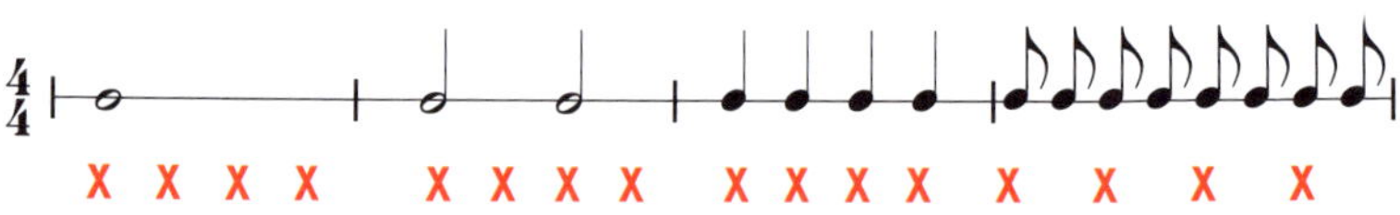

Ganze Note
Du kannst viermal klatschen und singst dabei einen Ton: daaaaa.

Halbe Noten
Du kannst viermal klatschen. Nach zweimal Klatschen singst du einen neuen Ton: daa-daa.

Viertelnoten
Du klatschst viermal und singst bei jedem Klatschen einen neuen Ton: da-da-da-da.

Achtelnoten
Viermal klatschen, bei jedem Klatschen singst du schnell „da-de“, also: dade-dade-dade-dade.

Jetzt hast du schon viel von uns Notenfreunden erfahren. Das folgende Spiel hat mit Sprache zu tun. Du kannst Reime ja auch schnell und langsam sprechen. Probiere es mal mit diesem. Spreche ihn und klatsche den Rhythmus dazu. Du kannst dich natürlich auch dazu bewegen. Stell dir vor, dass der Bär ganz langsam und behäbig geht. Deshalb findest du hier halbe und ganze Noten:

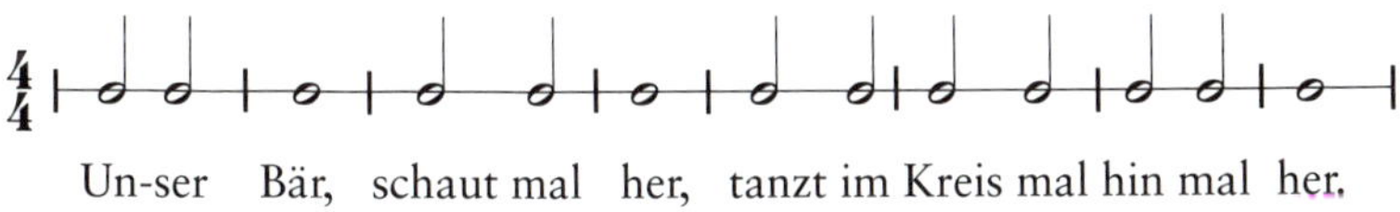

Der nächste Reim erzählt die Geschichte von einer Gans, die in den Teich geht. Das Gehen der Gans ist gemütlich. Die meisten Noten, die du siehst, sind Viertelnoten – bis auf zwei! Findest du sie?

Spreche den Reim und klatsche den Rhythmus dazu:

Die Lösung findest du auf Seite 62.

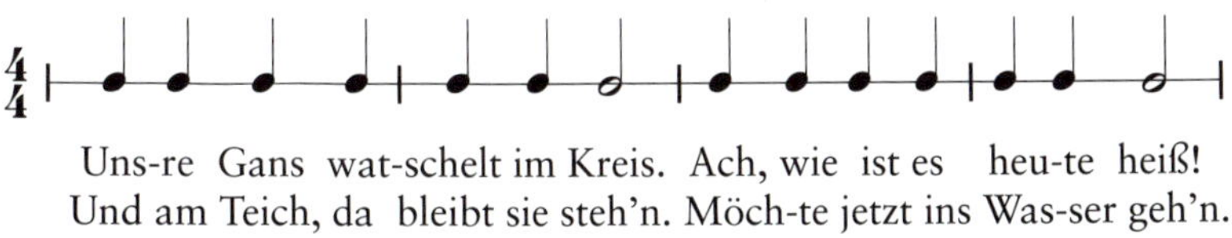

Klar, dass Pferdchen schnell laufen. Beim Laufen hat es jeder Schritt eilig, so wie die Achtelnoten schnell sind. Spreche auch diesen Reim, klatsche den Rhythmus und, wenn du magst, bewege dich dazu:

Die Lösung findest du auf Seite 62.

Vielleicht hast du ja Lust, meine Freunde und mich – den Dackel, die Gans, den Hahn … – selbst abzumalen. Alle meine Notenfreunde findest du in der folgenden Zeile von „Fuchs, du hast die Gans gestohlen“. Wirklich alle? Nein, einer meiner Freunde fehlt. Weißt du, wer es ist?

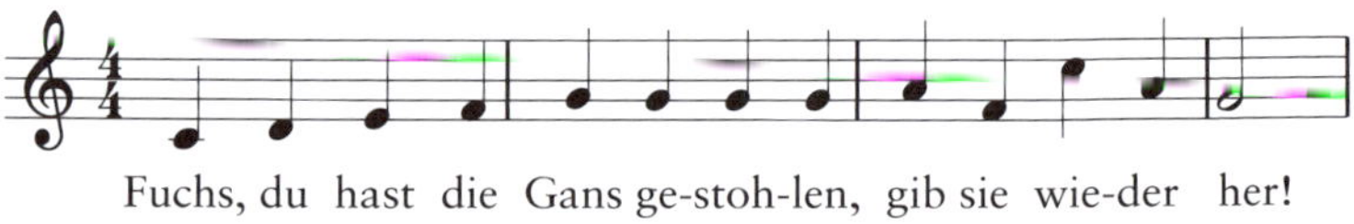

Du brauchst:
- einen Bleistift oder Buntstifte
- einen Radiergummi

Kopiere die Notenzeilen – und dann kann es auch schon losgehen.
Falls dir die Zeilen zu klein sind, dann bitte deinen Papa oder deine Mama, die Notenzeilen größer zu kopieren. Wenn du schon gut Buchstaben schreiben kannst, dann setze immer den passenden Anfangsbuchstaben meiner Freunde unter die Note (siehe Seite 56).

Viel Spaß mit Musik wünscht dir deine Cecilia!“

Kopiervorlage

LÖSUNGEN

Seite 17
Regentropfen, Meeresrauschen, in Pfützen platschen/etwas ins Wasser werfen, mit Laub rascheln, Motorsäge/Rennwagen, Handsäge

Seite 18
Kirchturmglocke/Türglocke, Wecker/Mobiltelefon/Telefon, Polizei-/Krankenwagen-/Feuerwehrsirene

Seite 20
Sirene

Seite 59
Die Noten zu „Kreis“ und „heiß“ sind halbe Noten.

Seite 60
Es fehlt der Hahn.

BUCHTIPPS

Liederbuch/Bilderbuch

Heribert Grüger, Johannes Grüger
Die große goldene Liederfibel
Patmos, Düsseldorf 2000
Enthält 70 der geläufigsten Kinderlieder mit kindgerechter Notendarstellung. Dazu gibt es eine Doppel-CD. Ab 0 Jahre.

Sabine Hirler, Maria Wissmann
Bunte Lieder schenk ich dir
Coppenrath, Münster 2005
Fantasievoll gestaltetes buntes Liederbuch mit alten und neuen Liedern. Die CD lädt zum Mitsingen und Tanzen ein. Ab 3 Jahren.

Andrea Hoyer
Im Konzert
Schott, Mainz 2000
Dieses Buch begleitet den kleinen Paul ins Orchester, das er mit seinem Onkel, einem Musiker, genau auskundschaftet. Ab 5 Jahren.

Dorothée Kreusch-Jakob
Das Musikbuch für Kinder
Schott, Mainz 2001
Ideenreiche Aktionen für Kinder ab 2 Jahren und Eltern, die gerne mitspielen.

Margret Rettich, Rolf Rettich
Ein Haus voll Musik
Schott, Mainz 2001
In eine Geschichte eingebettet, führt das Buch Kinder ab etwa 3 ½ Jahren in die Instrumentenfamilien ein.

Mein Instrument (Reihe)
Bärenreiter, Kassel
Jeder Band erklärt ein Instrument (z. B. Blockflöte, Querflöte, Klarinette, Klavier, Geige ...).
Sehr gut als Ergänzung zum Instrumentalunterricht. Ab ca. 6 Jahren.

Bilderbuch mit CD

Sabine Hirler, Sigrid Leberer
Mi-ma-muh, macht die bunte Kuh
Coppenrath, Münster 2004
Fröhliche Lieder und Geschichten rund um den Bauernhof. Eine CD mit allen Liedern, Geschichten und Playbacks liegt bei. Von 2 bis 5 Jahre.

Marko Simsa, Doris Eisenburger
Der Karneval der Tiere
Annette Betz, Wien 2002
Ein fantasievoll gestaltetes Bilderbuch zur Musik von Camille Saint-Saen. Mit CD. Ab 4 Jahren.

Marko Simsa, Doris Eisenburger
Die vier Jahreszeiten
Annette Betz, Wien 2004
Eine Geschichte zur Musik von Antonio Vivaldi. Mit CD. Ab 4 Jahren.

Marko Simsa, Winfried Opgenoorth
Tina und das Orchester
Annette Betz, Wien 1999
Eine Geschichte, die Kinder in die Welt der Musikinstrumente einführt. Mit CD. Ab 4–5 Jahren.

LINKS

www.kinderbrauchenmusik.de
www.kinderkinder.de
www.klingendes-museum.de
www.liederbank.de
www.notenmax.de

Fotos:
Titel: getty images
Agentur Kunterbunt, Heidi Velten

Illustrationen:
Sigrid Leberer

Velber Verlag

Projektleitung: Susanne Lesaar
Lektorat: Claudia Fahlbusch, Dürrn
Grafik: Petra Kita, Stuttgart
Repro: POINT prepress, Stuttgart
Druck und Bindung: J. P. Himmer GmbH & Co. KG, Augsburg

ISBN-13: 978-3-12-920258-6
ISBN 3-12-920258-7